Naam:

www.ingramcontent.com/pod-product-compliance
Lightning Source LLC
Chambersburg PA
CBHW071216220526
45468CB00002B/634
* 9 7 8 1 7 9 5 0 5 9 8 9 3 *